コピーして使えるいきいき脳トレ遊び②

新装版 シニアのための 脳を若返らせるトレーニングクイズ276

グループこんぺいと 編著

黎明書房

●●●●●● はじめに ●●●

とにかくおもしろがってやる , が大事です

「ほら , あれあれ」「うんうん。それが , あーしたのよね」
なんて会話をしていませんか？
なんとなくそれで通じ合うので ,
「歳だから仕方がないよ」「みんな同じよね」
と , 納得していませんか。

そのままにしておくと脳はどんどん退化します。

脳の老化は , その人の生活習慣や脳の使い方次第で , 大きく変わることがわかっています。

また , **脳の老化は予防できる**こと , **若返らせることもできる**ことが研究でも明らかになってきています。

では , 具体的には , どうしたら脳は若返るのでしょう。

それは , **脳を効果的に刺激する**こと。一生懸命思い出したり , 考えたりすることもその一つ。いわゆる **「頭を使う」** 行為が , 脳への血流を高め , 脳を活性化し , 老化防止 , 若返りへとつながるのです。

本書は , 脳を活性化させる , クイズや計算 , たどり絵やぬり絵など , 思わず楽しく **「頭を使う」** 問題を集めました。

毎日の生活の1コマに取り入れて , 脳の若返りを目指しましょう。

施設などでは , 適宜コピーをしてお使いください。

もくじ

❷ かんたん算数クイズで脳はイキイキ！

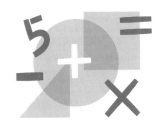

取り組み方のポイント

●わからないときは辞書を使ったり，
　メモをとってもOK。
　辞書で調べたり，
　文字を書いたりすることも
　脳を活性化させてくれます。

●解答は直接書かず，別の紙に書いたり，
　問題をコピーしたりすると，
　くり返し楽しめます。

●採点をしておくと，結果の変化が
　わかります！

かんたん
言葉クイズで
脳はイキイキ！

言葉，文字，漢字に関するクイズです。

1 ことわざ・慣用句（一）

に入る言葉を（　）から選び，◯で囲みましょう。

① 鬼の居ぬ間に ⬜ （掃除　洗濯　買い物）

② ネコの ⬜ も借りたい （足　体　手）

③ カエルの子は ⬜ （スズメ　カエル　カメ）

④ 転ばぬ先の ⬜ （棒　靴　杖）

⑤ 子どもは ⬜ の子 （風　親　私）

⑥ ⬜ は, かすがい （人　犬　子）

⑦ 花より ⬜ （お金　団子　親切）

に入る漢数字を（　　）から選び，◯で囲みましょう。

① 一富士二鷹<ruby>鷹<rt>たか</rt></ruby> □ <ruby>茄子<rt>なすび</rt></ruby> （一 二 三）

② 早起きは □ <ruby>文<rt>もん</rt></ruby>の得 （三 五 八）

③ 七転び □ 起き （八 九 十）

④ □ 度目の正直 （三 四 五）

⑤ □ 挙両得 （一 三 五）

⑥ □ 死に一生 （五 七 九）

⑦ 五十歩 □ 歩 （五十 百 千）

⑧ □ の手習い （六十 七十 八十）

⑨ 石の上にも □ 年 （一 三 五）

7

2 ことわざ・慣用句 (二)

正しいことわざに ◯ を付けましょう。

⋯⋯⋯⋯⋯⋯⋯⋯⋯⋯⋯⋯⋯⋯⋯⋯⋯⋯⋯⋯⋯⋯⋯⋯⋯⋯⋯⋯⋯⋯⋯⋯

①
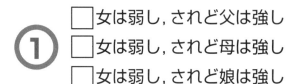
- ☐ 女は弱し，されど父は強し
- ☐ 女は弱し，されど母は強し
- ☐ 女は弱し，されど娘は強し

②
- ☐ 女房と畳は新しいほうがよい
- ☐ 女房と糠床（ぬかどこ）は古いほうがよい
- ☐ 女房と畳は古いほうがよい

③

- ☐ 鳩（はと）が鷹（たか）を生む
- ☐ 鳶（とんび）が鷹を生む
- ☐ 烏（からす）が鷹を生む

④

- ☐ 青菜に砂糖
- ☐ 青菜に醤油
- ☐ 青菜に塩

⑤
- ☐ 日光を見ぬうちは結構と言うな
- ☐ 京都を見ぬうちは結構と言うな
- ☐ 奈良を見ぬうちは結構と言うな

⑥
- ☐ 女の一念，板をも通す（とお）
- ☐ 女の一念，鉄をも通す
- ☐ 女の一念，岩をも通す

　　　　　に入る言葉を（　　）からそれぞれ選びましょう。

··

① 立てば 　　　　　　　　　座れば 　　　　　　　　　

（ ボタン　タンポポ　ヒナゲシ　シャクヤク ）

② 　　　　　　　　　に引かれて 　　　　　　　　参り

（ 孫　牛　息子　善光寺　お宮　お寺 ）

③ 　　　　　　　者は 　　　　　　　でも使え

（ 座っている　立っている　そこにいる　子　友だち　親 ）

④ 　　　　　　　は 　　　　　　　難隠す

（ 細い足　色の白い　愛想　三　七　八 ）

⑤ 　　　　　　茄子は 　　　　　　に食わすな

（ 春　夏　秋　冬　夫　嫁　子ども ）

3 共通する漢字 （一）

[　]には同じ漢字が入ります。
共通する漢字を 11 ページ下の
[　　　　]から選びましょう。

例）[　　] 見知り
　　[　　] が広い
　　[　　] から火が出る
（答え：顔）

---

① [　　] を清める
　 [　　] を固める
　 [　　] を入れる

（答え：　　　　）

④ [　　] がどきどきする
　 [　　] が痛む
　 [　　] に納める

（答え：　　　　）

② [　　] を冷やす
　 [　　] を丸める
　 [　　] を絞る

（答え：　　　　）

⑤ [　　] がこぼれる
　 [　　] を誘う
　 [　　] を呑む

（答え：　　　　）

③ [　　] を握る
　 [　　] を出す
　 [　　] を切る

（答え：　　　　）

⑥ [　　] につく
　 [　　] の色を変える
　 [　　] 尻を下げる

（答え：　　　　）

7
[ ] もちをつく
[ ] に敷く
[ ] に火がつく

(答え：　　　　　　　)

10
[ ] しまぎれ
[ ] 肉の策
[ ] 虫を噛む

(答え：　　　　　　　)

8
[ ] がきかない
[ ] が回る
[ ] を取り直す

(答え：　　　　　　　)

11
[ ] つきは泥棒の始まり
[ ] も方便
ほうべん
[ ] 八百

(答え：　　　　　　　)

9
[ ] し下手
[ ] が弾む
[ ] の腰を折る

(答え：　　　　　　　)

12
[ ] 降って地固まる
[ ] 宿り
[ ] 乞い

(答え：　　　　　　　)

目	話	雨	苦	尻	身
嘘	涙	手	胸	気	頭

4 共通する漢字（二）

☐ には同じ漢字が入ります。
共通する漢字を（　　　）から
選び，○で囲みましょう。

例）

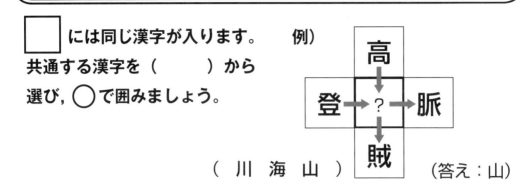

（ 川　海　山 ）　　（答え：山）

（ 気　人　魚 ）

（ 花　行　鳥 ）

（ 地　空　海 ）

（ 大　中　犬 ）

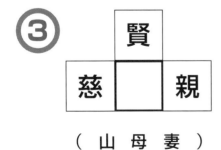

（ 山　母　妻 ）

（ 京　名　住 ）

⑦
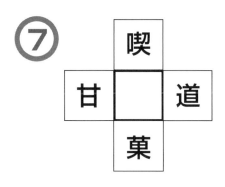

```
      喫
  甘  □  道
      菓
```

（ 茶 古 新 ）

⑩
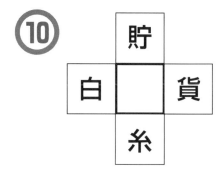

```
      貯
  白  □  貨
      糸
```

（ 金 銀 鉄 ）

⑧
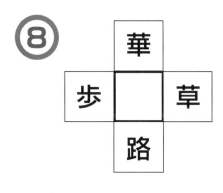

```
      華
  歩  □  草
      路
```

（ 風 道 激 ）

⑪
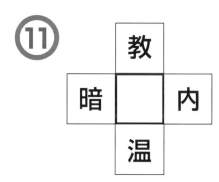

```
      教
  暗  □  内
      温
```

（ 室 度 外 ）

⑨
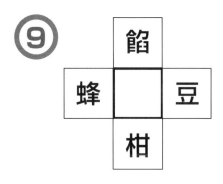

```
      餡
  蜂  □  豆
      柑
```

（ 蜜 栗 柿 ）

⑫
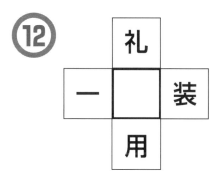

```
      礼
  一  □  装
      用
```

（ 回 儀 服 ）

5 漢字しりとり

☐ に漢字を入れて，しりとりを完成させましょう。

例）東 京 → ☐京 都

- ① 料 理 → ☐ 科

- ② 科 ☐ → ☐ 問

- ③ 飲 食 → 食 事 → ☐ ☐ → 件 ☐ → ☐ 字

- ④ 朝 ☐ → ☐ 陰 → 陰 ☐ → ☐ 分 → 分 数

- ⑤ 靴 下 → ☐ ☐ → 着 用 → 用 ☐ ☐ → ☐ 肩

- ⑥ 悲 ☐ → ☐ 愛 → 愛 ☐ → ☐ 報 → 報 告

- ⑦ 絵 ☐ → ☐ 家 → 家 ☐ → ☐ ☐ → ☐ 車

- ⑧ 百 合 → ☐ 格 → 格 ☐ → 子 ☐ → 供 物

⑨ 西 ▢ → 洋裁 → ▢▢ → 縫製 → ▢▢ →

→ ▢ 船所 → 所 ▢ → ▢ 事

⑩ 砂糖 → ▢▢ → 質疑 → 疑 ▢ → ▢ 題 →

→ 題 ▢ → ▢ 物

⑪ 栄 ▢ → ▢ 分 → 分母 → 母 ▢ → ▢ 格 →

格 ▢ → ▢ 場 → 場 ▢▢ 送

⑫ 躍動 → 動 ▢ → ▢ 会 → ▢▢ → ▢ 唱 →

唱 ▢ → ▢ 謡 → 謡 ▢ → ▢ 折

6 同じ音の漢字

に入る正しい漢字を（　　　）から選び,
◯で囲みましょう。

．．．

① ワカメや昆布などの かいそう はカルシウムが豊富。

（　階層　　海藻　）

② ひな祭りにお だいり さまを飾る。

（　代理　　内裏　）

③ 衣 がえ の季節は衣服の整理で忙しい。

（　変え　　替え　）

④ 遺言状は こうしょう 人役場に持って行く。

（　交渉　　公証　）

⑤ 野菜には緑黄色野菜と たんしょく 野菜がある。

（　単色　　淡色　）

⑥ 野菜を細く切るのは せん 切りです。

（　線　　千　）

⑦ かぼちゃ がホクホクして美味しい。
お い

（　南瓜　　西瓜　）

⑧ 池の周りを まわ る。

（ 周 回 ）

⑨ 熱が下がらず げねつ 剤を服用した。

（ 解熱 下熱 ）

⑩ 冷たいお水より さゆ がいいよ。

（ 白湯 冷湯 ）

⑪ 物置や なんど には普段使わないものを入れておく。

（ 何度 納戸 ）

⑫ 嫁と しゅうとめ の問題は万国共通らしい。

（ 姑 姪 ）

⑬ れいぞうこ の扉はちゃんと閉めましょう。

（ 冷臓庫 冷蔵庫 ）

⑭ この手紙のここのところは だそく です。

（ 蛇足 駄足 ）

7 反対言葉

反対の意味の言葉をさがして，線で結びましょう。

例）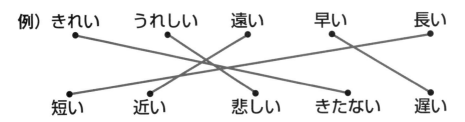

①

洋画　豊作　つよい　良妻　洋服

和服　不作　悪妻　邦画　よわい

②

にがて　解凍　よい　収入　縦断

支出　得意　横断　冷凍　わるい

③

さむい　固体　おいしい　連なる　異常

液体　まずい　とぎれる　正常　あたたかい

反対の意味のことわざをさがして，線で結びましょう。

血は水よりも濃し	• •	杓子（しゃくし）は耳かきの代わりにならず
渡る世間に鬼はなし	• •	虎穴（こけつ）に入らずんば虎子（こじ）を得ず
君子危（あや）うきに近寄らず	• •	石橋をたたいて渡る
善は急げ	• •	船頭多くして船山に上る
大は小を兼ねる	• •	氏（うじ）より育ち
三人寄れば文殊（もんじゅ）の知恵	• •	人を見たら泥棒と思え

8 難読漢字

国名の漢字表記です。読み方を下の［　　　　　］から選んで
書きましょう。

例）仏蘭西（フランス）

① 英吉利

（答え：　　　　　　　　　）

② 加奈陀

（答え：　　　　　　　　　）

③ 亜米利加

（答え：　　　　　　　　　）

④ 印度

（答え：　　　　　　　　　）

⑤ 瑞典

（答え：　　　　　　　　　）

⑥ 阿蘭陀

（答え：　　　　　　　　　）

⑦ 比律賓

（答え：　　　　　　　　　）

⑧ 秘露

（答え：　　　　　　　　　）

⑨ 独逸

（答え：　　　　　　　　　）

⑩ 伊太利

（答え：　　　　　　　　　）

フランス　イタリア　イギリス　スイス
アメリカ　ドイツ　カナダ　ペルー　フィリピン
アフリカ　スウェーデン　インド　オランダ

次の漢字はなんと読みますか。（　　）のヒントを参考にして，□ に文字を書き入れましょう。

① 算盤（昔からの計算機）｜　｜　｜　｜ん｜

② 建立（寺院などを建設すること）｜こ｜ん｜　｜　｜

③ 欠伸（眠くなったり飽きたり）｜　｜　｜び｜

④ 暖簾（○○に腕押し）｜　｜れ｜　｜

⑤ 台詞（台本にある言葉）｜せ｜　｜　｜

⑥ 好事家（物好きな人）｜こ｜う｜　｜　｜

⑦ 出納（金銭の出し入れ）｜　｜　｜と｜　｜

⑧ 秋刀魚（秋に美味しい魚）｜　｜ん｜　｜

⑨ 灰汁（料理では取り除く）｜　｜く｜

⑩ 河童（伝説の生き物）｜　｜っ｜　｜

⑪ 山茶花（冬に咲く椿に似た花）｜さ｜　｜　｜　｜

21

9 俳句

次の俳句の □ に入る言葉を（　）から選び，
○ で囲みましょう。

① 古池や □ 飛び込む　水の音

（　魚　　若者　　蛙 （かわず）　）

*松尾芭蕉（ばしょう）が俳句に開眼した名句

② 朝顔に □ 取られて　もらひ水（い）

（　手紙　　つるべ　　財布　）

*加賀千代女（かがのちよじょ）の優しさが目に見える句

③ □ 一輪　一輪ほどの　あたたかさ

（　桜　　花　　梅　）

*服部嵐雪（らんせつ）の春の訪れを心待ちにする句

④ 山門を　出れば（いず）日本ぞ □ 唄

（　田植え　　茶摘み（つ）　　刈干切り（かりぼしき）　）

*菊舎尼（きくしゃに）が黄檗宗（おうばくしゅう）の本山万福寺（まんぷくじ）を訪れた際に詠んだ（よ）句

⑤ □ くへば（え）　鐘が鳴るなり　法隆寺

（　梨　　柿　　餅　）

*正岡子規（しき）の最も有名な句

22

⑥ _____ の子　そこのけそこのけ　お馬が通る

（　からす　　雀　　燕　）

＊小林一茶(いっさ)の弱いものへよせる愛情あふれる句

⑦ 菜の花や　月は _____ に　日は西に

（　北　　西　　東　）

＊与謝蕪村(よさぶそん)の大景を詠んだ句

⑧ 流れ行く _____ の葉の　早さかな

（　人参　　大根　　白菜　）

＊高浜虚子(きょし)の冬の田園風景を詠んだ句

⑨ _____ には青葉　山ほととぎす　初がつお

（　耳　　手　　目　）

＊山口素堂(そどう)の人口(じんこう)に膾炙(かいしゃ)した句

⑩ 赤い椿(つばき)　白い _____ と　落ちにけり

（　椿　　こぶし　　バラ　）

＊河東碧梧桐(かわひがしへきごとう)の印象明瞭な句

10 数と暦

には月の別の名を表す漢字を，（　　　）には読み方を，
下から選んで書きましょう。

1月 睦 月 （ むつき ）　7月 □ （ ふみつき ）

2月 如 月 （　　　）　8月 葉 月 （　　　）

3月 □ （ やよい ）　9月 長 月 （　　　）

4月 □ （ うづき ）　10月 □ （ かんなづき ）

5月 皐 月 （　　　）　11月 □ （ しもつき ）

6月 □ （ みなづき ）　12月 師 走 （　　　）

（ しわす ）　水無月　霜 月　（ きさらぎ ）

文 月　　（ さつき ）　　卯 月

（ はづき ）　神無月　（ ながつき ）　弥 生

長寿を祝う年齢を表す漢字を，下から選んで書きましょう。
ちなみに，満年齢ではなく，数え年でお祝いします。

・・

70歳（　　　　　　　）　　90歳（　　　　　　　）

77歳（　　　　　　　）　　99歳（　　　　　　　）

80歳（　　　　　　　）

81歳（　　　　　　　）

88歳（　　　　　　　）

米寿（べいじゅ）	卒寿（そつじゅ）	傘寿（さんじゅ）
古希（こき）	白寿（はくじゅ）	喜寿（きじゅ）
半寿（はんじゅ）		

コラム① 早口言葉

昔懐かしい，定番の早口言葉です。
口をしっかり動かして，声に出して言ってみましょう。

すももも　もももも　もものうち

生麦　生米　生たまご

赤パジャマ　黄パジャマ　青パジャマ

となりの客はよく柿食う客だ

とうきょう とっきょ きょかきょく（東京特許許可局）

お綾や 親に おあやまりなさい

庭には2羽　となりにも2羽　にわとりがいる

かんたん
算数クイズで
脳はイキイキ！

計算，図形に関するクイズです。

1 順序

数字が規則正しく並んでいます。☐ の中に, 数字を入れましょう。

例) 1　2　3　4　5　6　7　8　9　10

---

① 8　9　10　☐　12　13　14　15

---

② 1　3　5　☐　9　11　13

---

③ 10　9　8　7　6　☐　4　3　2　1

---

④ 2　4　☐　8　10　12　14

---

⑤ 1　2　4　7　☐　16　22　29

---

⑥ 46　41　☐　31　26　☐　16　11　6

---

⑦ 4　12　20　☐　36　44　52　☐　68

---

⑧ 89　☐　71　62　☐　44　35　☐　17　8

28

記号が規則正しく並んでいます。□の中に（　　　）の中から
記号を選んで入れましょう。

① ○　×　○　×　○　×　○　×　□

（○　×）

---

② ○　△　○　△　○　□　○　△　○　△　○　△

（○　△）

---

③ ★　★　☆　★　★　☆　★　□　☆　★　★　☆

（★　☆）

---

④ ☺　☹　☺　☹　□　☹　☺　☹　☺

（☺　☹）

---

⑤ →　↑　→　↓　→　□　→　↓　□　↑　→　↓

（→　↑）

---

⑥ △　▼　△　▼　□　▼　△　▼　△　□　△　▼

（△　▼）

2 足し算・引き算

足し算・引き算をしましょう。

① 1 + 9 = $\boxed{10}$　　⑩ 1 + 1 + 7 = $\boxed{9}$

② 2 + 9 = $\boxed{}$　　⑪ 1 + 4 + 3 = $\boxed{}$

③ 3 + 9 = $\boxed{}$　　⑫ 1 + 5 + 1 = $\boxed{}$

④ 4 + 9 = $\boxed{}$　　⑬ 1 + 7 − 2 = $\boxed{}$

⑤ 5 + 9 = $\boxed{}$　　⑭ 2 + 5 − 2 = $\boxed{}$

⑥ 6 + 9 = $\boxed{}$　　⑮ 4 + 1 − 1 = $\boxed{}$

⑦ 7 + 9 = $\boxed{}$　　⑯ 5 + 1 − 3 = $\boxed{}$

⑧ 8 + 9 = $\boxed{}$　　⑰ 2 + 4 − 4 = $\boxed{}$

⑨ 9 + 9 = $\boxed{}$　　⑱ 6 + 1 − 6 = $\boxed{}$

☐ に ＋ － を入れて，10になるようにしましょう。

例）1 ＋ 2 ┃＋┃ 7 ＝ 10

・・・

① 3 ＋ 6 ☐ 1 ＝ 10　④ 6 ☐ 2 ＋ 6 ＝ 10

② 4 ☐ 3 ＋ 9 ＝ 10　⑤ 7 ☐ 4 ☐ 1 ＝ 10

＊ ＋ － を一度ずつ
使ってください。

③ 5 ＋ 1 ☐ 4 ＝ 10

あいているマスに，4，5，6，7の数を入れて，ヨコで足しても，タテで足しても，ナナメで足しても同じ数になるようにしましょう。ただし，4，5，6，7は一度しか使えません。

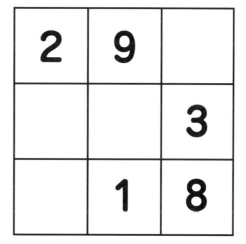

2	9	
		3
	1	8

ヒント

数の合計は 15 です。

＊ 1 〜 9 までの数を一度だけ使って，タテもヨコもナナメも合計が同じになるように並べたものを魔方陣（まほうじん）といいます。1 〜 16，1 〜 25 でもできます。

3 掛け算

九九の九の段を計算してみましょう。

・・

① 1 × 9 = 9

② 2 × 9 = 18

③ 3 × 9 =

④ 4 × 9 =

⑤ 5 × 9 =

⑥ 6 × 9 =

⑦ 7 × 9 =

⑧ 8 × 9 =

⑨ 9 × 9 =

計算が終わったら, 次の例のように答の 10 の位の数と 1 の位の数を足してみましょう。さて, どうなるでしょう。

① 1 × 9 = 9 → 0 + 9 = 9

② 2 × 9 = 18 → 1 + 8 = 9

③

④

⑤

⑥

⑦

⑧

⑨

それぞれの灰色の敷石の数を，計算してみましょう。

....

① □　1 × 1 = ☐ **1**

② 　2 × 2 = ☐

③ 　3 × ☐ = ☐

④

4 × ☐ – ☐ × ☐ = ☐

⑤

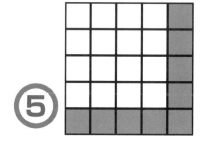

☐ × ☐ – ☐ × ☐ = ☐

33

4 形 (切り絵)

切って開いた形を選び, ◯で囲みましょう。

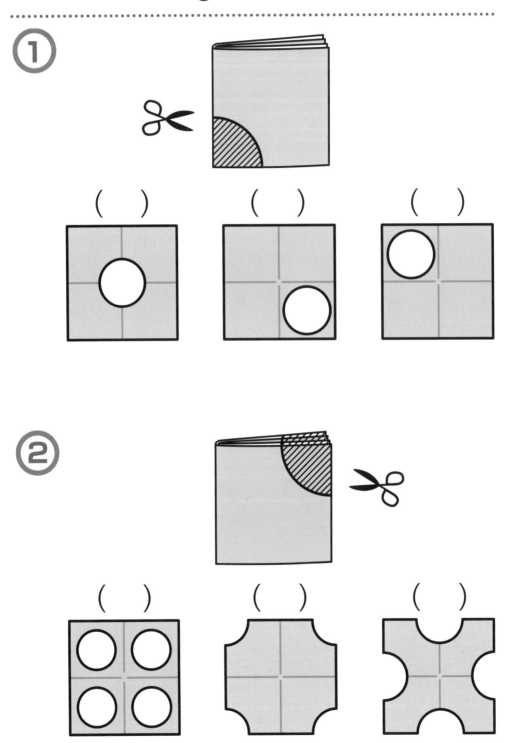

① ( )　( )　( )

② ( )　( )　( )

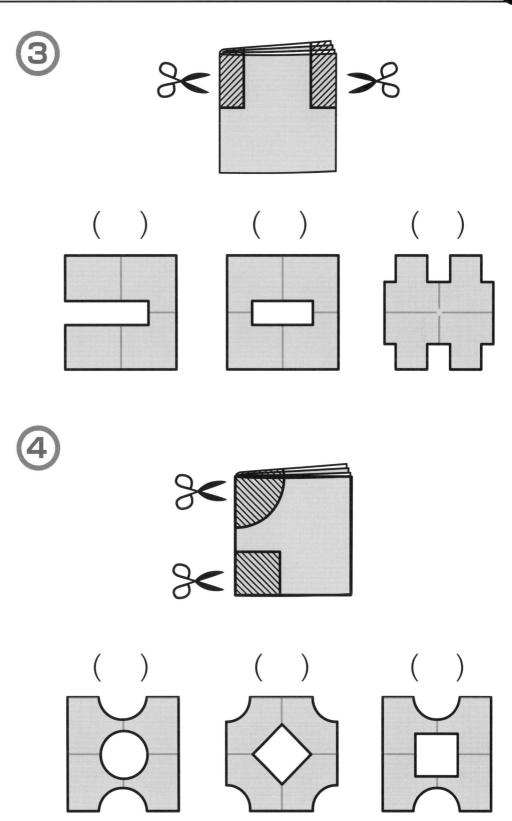

5 重ね絵

どの形が使われていますか。 ┆ ┆から選び, ◯で囲みましょう。

①

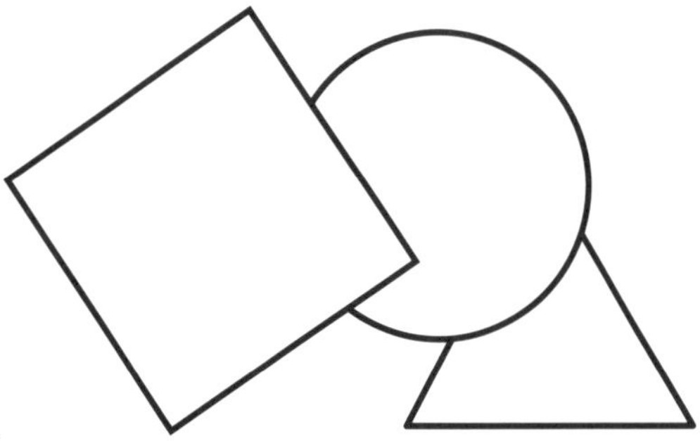

ヒント 3つの形です。

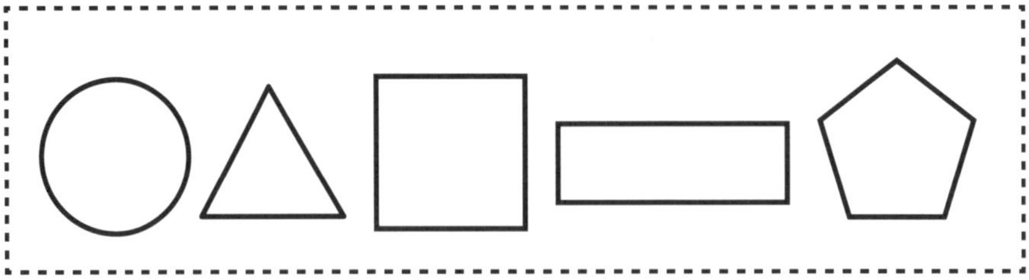

◯ △ ☐ ▭ ⬠

②

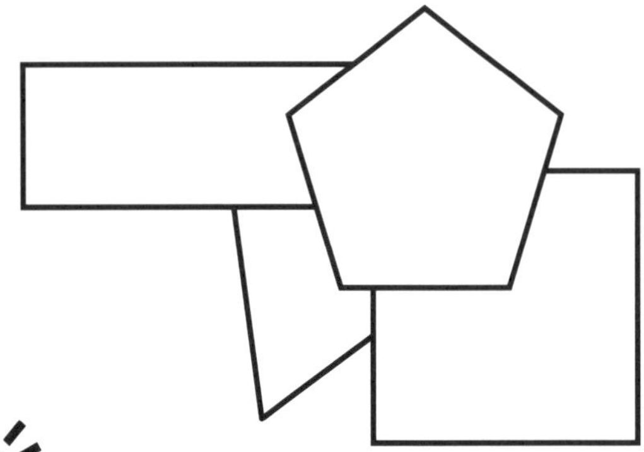

ヒント 4つの形です。

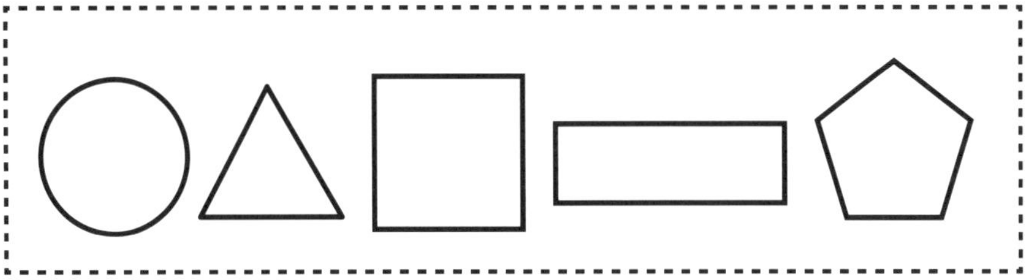

◯ △ ☐ ▭ ⬠

③

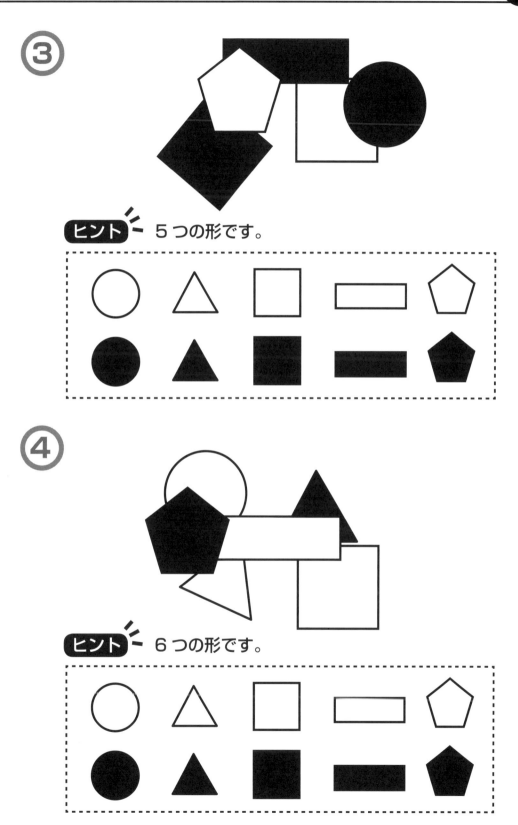

ヒント 5つの形です。

④

ヒント 6つの形です。

コラム② 絵合わせカード遊び
（カードの作り方）

左，真ん中，右の３枚の絵をそろえて遊ぶカードゲームのカードの作り方です。 ※遊び方は 56 ページにあります。

① 66, 67 ページの４種類のぬり紙をコピーし，それぞれ自由に色をぬる。

② 使用済みはがきなどの厚紙に①を貼る。使用済みはがきなど，裏面で組み合わせが明らかになる場合は，裏面に無地の紙を貼る。

③ 点線に沿って３つに分ける。

※絵は４パターンですが，違う色でぬることで(ぬる人が変わることで)，何種類もの絵カードになります。

❸
かんたん
雑学クイズで
脳はイキイキ！

日本の地理や歴史，社会的出来事などに
関するクイズです。

1 伝統行事

に入る言葉を（　）から選び，◯で囲みましょう。

. . . .

① 鏡開きには，正月にお供えした　　　　　　　　を小さく割っ
てお汁粉や雑煮にして食べます。

（　丸餅　のし餅　鏡餅　）

② 節分には，「鬼は外　福は内」と言いながら豆をまきます。
この豆は　　　　　　　です。
（　大豆だいず　金時豆　小豆あずき　）

③ 3月3日のひな祭りに飾るのは　　　　　　　の花です。

（　桜　梅　桃　）

④ 春のお彼岸ひがん「春分」に食べるのは　　　　　　，
秋のお彼岸「秋分」に食べるのはおはぎです。
名前は違っても，同じものです。

（　さくらもち　ぼたもち　かしわもち　）

⑤ 七夕たなばたには，織姫と彦星が七夕の夜にだけ　　　　　　を
渡って会うことを許された伝説があります。
（　最上川もがみがわ　天の川　しし座流星群　）

⑥ 7月の「土用の丑^{どよう うし}」に ☐ を食べると，暑い夏を元気に乗り切れるといわれています。

（　マグロ　ウナギ　ステーキ　）

⑦ 中秋^{ちゅうしゅう}の名月「十五夜」には，団子や里芋^{さといも}，☐ を飾って満月を楽しみます。

（　菊　すすき　笹　）

⑧ 11月15日の七五三には，子どもが健康で長生きすることを願って，☐ 飴^{あめ}を袋に入れて，近^{ちか}しい方に配ります。

（　百歳　万歳　千歳　）

⑨ 大みそかには，年越し ☐ を食べて正月を迎えます。

（　うどん　蕎麦^{そ ば}　麦ごはん　）

2 食の基礎知識(一)

[　　　　　]に入る言葉を(　　)から選び, ◯で囲みましょう。

[調理] ···

① だいこんとにんじんのおろしをまぜるか, または大根と赤
唐辛子を一緒におろしたものを [　　　　　] といいます。

（　紅白おろし　もみじおろし　なますおろし　）

② 鉄火巻といえば [　　　　　] を芯_{しん}にして巻いたお寿司です。

（　かんぴょう　きゅうり　まぐろ　）

③ 料理の「さしすせそ」。調味料を入れる順番を表したもの
と言われていますが,「さ」は砂糖,「し」は塩,「す」は酢,
せはしょう油,「そ」は [　　　　　] のことです。

（　ソース　味噌　酒　）

④ ご飯を炊_たくときの火加減を表した言葉,「初めちょろちょ
ろ　中ぱっぱ [　　　　　] 泣いても　ふたとるな」。

（　にわとり　飼い犬　赤子　）

⑤ 固ゆでたまごのゆで時間は, ふっとうから約 [　　] 分です。

（　7　13　20　）

⑥ 煮物は [　　　　　] と, 味がよく染み込みます。

（　二度炊く　冷ます　蒸らす　）

⑦ 魚1尾を，半身2枚と中骨に切り分けることを ☐ といいます。

（　二枚おろし　三枚おろし　切り身　）

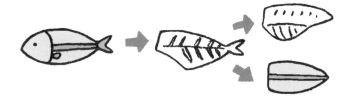

［食材］

⑧ ☐ は，「森のバター」と言われる果物で，最近では太巻きなどにも使われます。

（　キウイ　アボカド　バナナ　）

⑨ 和菓子のあんこ，黒あんは小豆から，白あんは白小豆や ☐ から作られます。

（　白いんげん豆　白花豆　虎豆　）

⑩ ペンネ，マカロニ，ラザニアは，☐ の仲間です。

（　洋菓子　パスタ　調味料　）

⑪ コンニャクは ☐ から作られています。

（　芋　海藻　ゼリー　）

⑫ ジャコは，主に ☐ の稚魚を乾燥させたものです。

（　イワシ　アジ　キビナゴ　）

3 食の基礎知識（二）

正しいものの □ に，◯を書きましょう。

例題） 大さじ1杯は
どれでしょう。

・・・

① 食事の正しい置き方はどれでしょう。

② 「小口切り」はどれでしょう。

③ れんげはどれでしょう。

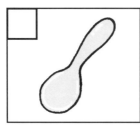  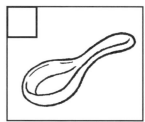

正しい組み合わせを，
線で結びましょう。

例題〉

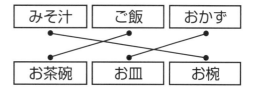

みそ汁	ご飯	おかず

お茶碗	お皿	お椀

① [調理道具]

すりこぎ	おたま	包丁	フライパン	杵 （きね）

なべ	フライ返し	臼 （うす）	すりばち	まな板

② [原料と食品]

牛乳	大豆	小麦粉	米	卵

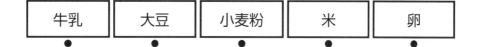

マヨネーズ	うどん	バター	きな粉	酒

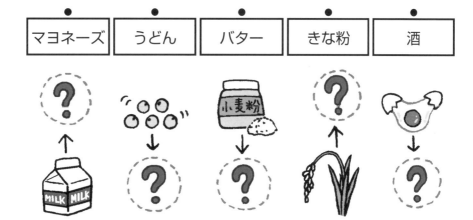

4 生活文化

正しい言葉を ◯ で囲みましょう。

① 着物の合わせは男女とも右前*ですが，
洋服は男性が（ 左　右 ）前で
女性が（ 左　右 ）前です。

右の衿が体に
密着している
「右前」

*着物の場合、右前・左前の「前」は「手前」のことで、先に自分
の体に密着させる側を差します。右の衽（衿）が「手前」にく
る着方を「右前」といいます。

② 手紙は，前文に拝啓と書いたら，
末尾は（ 草々　敬具 ）と書きます。

③ 来客は，地位の高い人から床の間に近い席に通すのが一般
的ですが，床の間が無い場合は，
入口からもっとも（ 遠い　近い ）席に通します。

次の衣服を女性用と男性用に分け，それぞれの欄に書きましょう。

ミニスカート　タキシード　振袖（ふりそで）　モーニング　留袖（とめそで）　紋付き（もんつ）袴（はかま）
山高帽（やまたかぼう）　訪問着　学生服（詰襟（つめえり））　ワンピース　イブニングドレス

女性用	男性用

正しい組み合わせを、
線で結びましょう。

例題）
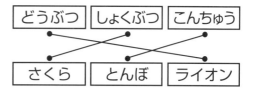

---

① [今の道具と昔の道具]

そろばん　ざしきぼうき　たらい
洗濯板　<ruby>蓄音機<rt>ちくおんき</rt></ruby>　かまど

洗濯機　　コンロ　　CDプレーヤー　　計算機　　掃除機

---

② [かぞえ方]

本	洋服	くつした	椅子	掛け軸 （か　じく）	車

脚 （きゃく）	足 （そく）	着 （ちゃく）	幅 （ふく）	台 （だい）	冊 （さつ）

5 思い出の娯楽文化

正しい答えを ◯ で囲みましょう。

. . . .

① 1961年に大ヒットした坂本 九の歌った名曲，「上を向いて歩こう」。アメリカでなんという曲名で大ヒットした？

（「TENPURA（てんぷら）」「SUKIYAKI（すきやき）」）

② NHK初のホームドラマ。十朱幸代や田中邦衛らを輩出したドラマの名前は？

（ 「お隣の窓」「バス通り裏」 ）

③ 1957〜1966年に放映されたアメリカのドラマで，少年一家と犬のコリーの物語。番組のタイトルにもなった主人公の犬の名前は？

（ リンチン　　ラッシー ）

④ 大人気漫画「サザエさん」の弟の名前は？

（ ワカメ　　カツオ ）

⑤ 漫画界の巨人，手塚治虫が生み出した漫画の主人公のロボットの名前は？

（ 鉄腕アトム　　敏腕アーム ）

⑥ 「となりのトトロ」「火垂るの墓」「千と千尋の神隠し」など，世界的なアニメーションを手掛けている会社は？

（ スタジオプリン　　スタジオジブリ ）

48

正しい組み合わせを，線で結びましょう。

. . . .

① ──[邦画（昭和）]────────────[主演俳優]──

| 影武者 | ● | ● | 高倉　健 |

| キューポラのある街 | ● | ● | 仲代達也 |

| 幸福の黄色いハンカチ | ● | ● | 原　節子 |

| 青い山脈 | ● | ● | 石原裕次郎 |

| 太陽の季節 | ● | ● | 吉永小百合 |

② ──[洋画]────────────[主演俳優]──

| 太陽がいっぱい | ● | ● | ケリー・グラント
オードリー・ヘップバーン |

| ひまわり | ● | ● | アラン・ドロン |

| シャレード | ● | ● | マルチェロ・マストロヤンニ
ソフィア・ローレン |

| 王様と私 | ● | ● | チャールトン・ヘストン |

| ベン・ハー | ● | ● | ユル・ブリンナー |

6 社会の出来事

正しい答えを ◯ で囲みましょう。

① 1958年アメリカから日本に上陸した遊具。プラスチック製の大きなリングで，腰で回して遊んだのは？

（ホッピング　フラフープ）

② 1960年に発売された，ソフトビニール製の黒い人形。腕に抱きつくようにしたのが女性に大人気となったのは？

（　おんぶちゃん　だっこちゃん　）

③ 1967年に来日したイギリスのモデル。「ミニスカートの女王」として憧れの的になったのは誰？

（　ツイッギー　キャッシー　）

④ 1959年，日本ではじめてミス・ユニバースに選ばれた人は？

（　山口小夜子　児島明子　）

⑤ 大阪で1970年に開かれた日本万国博覧会にシンボルとなった岡本太郎がデザインしたものは？

（　万博の塔　太陽の塔　）

⑥ 「平成」という元号を発表した内閣官房長官は誰？

（　竹下 登　小渕恵三　）

⑦ かつて地方から中学を卒業して働きに出てきた，集団就職の若者たちで賑わった上野駅。1964 年の流行語にもなったその働き手たちをなんと言ったか。

（　金の卵　　銀の卵　）

⑧ 1964 年に開業した当時，東海道新幹線は東京からどこまでを結んだ？

（　新大阪　　名古屋　）

⑨ 日本人女性で最初にオリンピックで金メダルを獲得した
前畑秀子の種目は何？

（　200 メートル背泳ぎ　　200 メートル平泳ぎ　）

⑩ 菊田一夫脚本の舞台『放浪記』の主役・林芙美子役を長年演じ，文化勲章を授与された女優は誰？

（　池内淳子　　森 光子　）

⑪ 「ミスタージャイアンツ」と呼ばれ，巨人の監督も務めた背番号３の名選手と言えば？

（　原 辰徳　　長嶋茂雄　）

⑫ ローマオリンピックのマラソンでは，裸足で走り金メダル。東京オリンピックでも金メダルをとった選手は？

（　アベベ　　ルルベ　）

7 地理

正しい組み合わせを, 線で結びましょう。

①

[温泉]		[所在地 (都道府県名)]
ニセコ温泉	● ●	神奈川県
箱根温泉	● ●	群馬県
草津温泉	● ●	愛媛県
湯布院温泉	● ●	大分県
道後温泉	● ●	北海道

②

[県]		[日本一の生産量]
北海道	● ●	ナス
山形県	● ●	トマト
群馬県	● ●	ブドウ
山梨県	● ●	サクランボ
高知県	● ●	タマネギ
熊本県	● ●	コンニャク

□□□に入る言葉を（　　）から選び，○で囲みましょう。

……………………………………………………………………

① 日本三景といえば，宮城県の松島，京都府の □□□□，広島県の厳島（宮島）です。

（　五島列島　　桜島　　天橋立　）

② 日本の三名園といえば，茨城県（水戸市）の偕楽園，石川県（金沢市）の兼六園，岡山県（岡山市）の □□□□ です。

（　玄宮園　　足立美術館庭園　　後楽園　）

③ 日本3大夜景といえば，函館，長崎，そして1000万ドルの夜景といわれる □□□□ です。

（　札幌　　新潟　　神戸　）

④ 日本の三大祭といえば，□□□□ の祇園祭，大阪府の天神祭，東京都の神田祭といわれています。

（　福岡県　　長崎県　　京都府　）

⑤ 日本の三大うどんといえば，香川県の □□□□ うどん，秋田県の稲庭うどん，名古屋のきしめんといわれています。＊3番目はいろいろ説があります。

（　五島　　讃岐　　水沢　）

8 日本の世界遺産

世界自然遺産・または世界文化遺産に登録されているものに
◯ をつけましょう。7つあります。

( ) 昭和新山 　　　　　　( ) 佐渡島

( ) 白神山地 　　　　　　( ) 大阪城
　しらかみ

( ) 小笠原諸島 　　　　　( ) 姫路城

( ) 富士山 　　　　　　　( ) 出雲大社

( ) 浅間山 　　　　　　　( ) 厳島神社
　　　　　　　　　　　　　　いつくしま

( ) 知床 　　　　　　　　( ) 太宰府天満宮
　しれとこ　　　　　　　　　　だざいふ

( ) 明治神宮 　　　　　　( ) 今帰仁城跡
　　　　　　　　　　　　　　な きじんじょうあと

ヒント

答えは, ●の場所にあります。

※ 2020 年7月現在, 全部で
　 23 が登録されています。

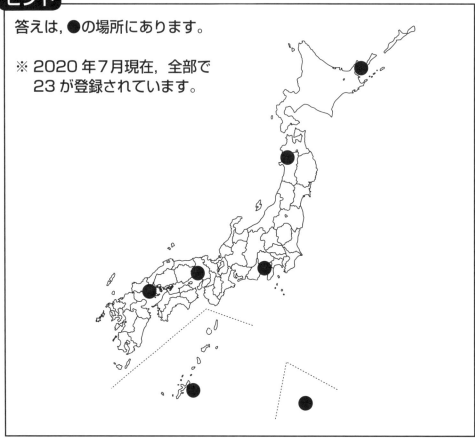

次の写真の世界遺産はどこですか？ □□□□ から選んで
書きましょう。

① 答え □□□□

② 答え □□□□

・富岡製糸場（群馬県）　　・法隆寺（奈良県）

・石見銀山（島根県）　　・原爆ドーム（広島県）

コラム③ 絵合わせカード遊び （遊び方）

左, 真ん中, 右の３枚の絵をそろえて遊ぶカードゲームの遊び方です。 ※カードの作り方は38ページにあります。

●２人から遊べますが, ３人以上のほうが楽しく遊べます。

●１人が絵カードを４種類ずつ作成し, 最低人数×４種類の絵カード（各３分割して12枚）を用意します。

① 絵カードをひとまとめにしてよくきる。
１人ずつ同じ数ずついきわたるように配る。（ふせて配る）

② 自分の手持ちカードを, 人に見せないように確認し, 絵が３枚そろっているものを, 表に出して並べる。

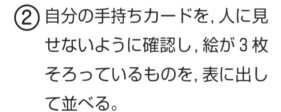

③ トランプの「ババ抜き」の要領で, 順番に隣の人の絵カードを１枚ずつひいていく。

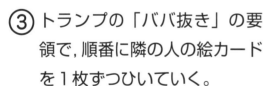

④ 手持ちの絵カードが３枚そろったところで, 表にして並べていき, カードが早くなくなった人の勝ち。

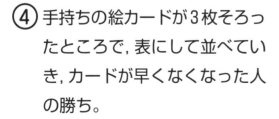

かんたん
たどり絵・ぬり絵で
脳はイキイキ！

絵や文字をたどったり，ぬり絵をしたり，
手をたっぷり使うページです。

1 足あとたどり

足あとをたどって,
泥棒を追跡してください。
泥棒がどの家に逃げ込んだかを
答えましょう。

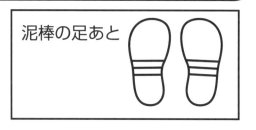

泥棒の足あと

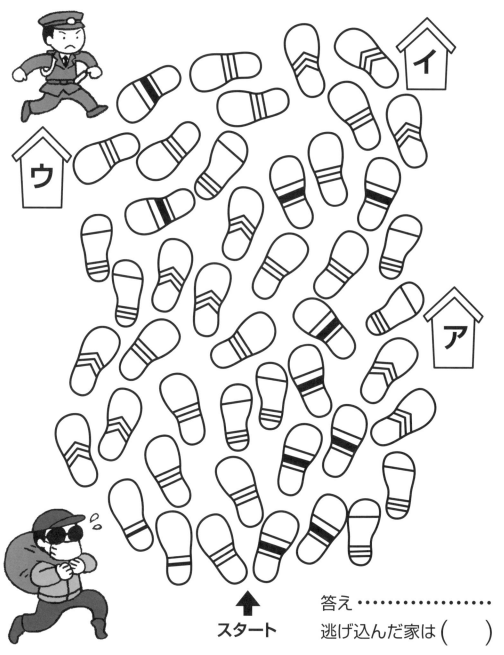

スタート

答え ・・・・・・・・・・・・・・・
逃げ込んだ家は（　　　）

それぞれの犬の足あとをたどって，ハウスに入れてください。
どの犬のハウスがどれかを答えましょう。

※足あとは本来は2つですが，1つに代表させます。
※必ず中央の　□　を通ること。
※タテ，ヨコ，ナナメに進めます。
※一度通ったところは通れません。

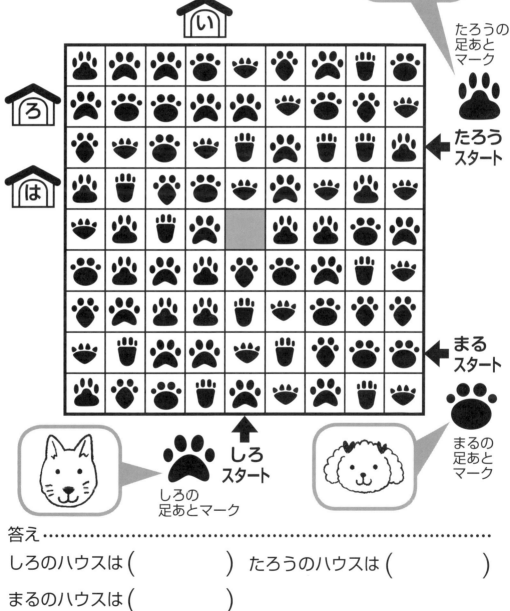

たろうの
足あと
マーク

たろう
スタート

まる
スタート

まるの
足あと
マーク

しろ
スタート

しろの
足あとマーク

答え ……………………………………………………………………

しろのハウスは（　　　　　）　たろうのハウスは（　　　　　）

まるのハウスは（　　　　　）

2 点たどり

上の絵と同じ点をたどり，同じ絵を完成させましょう。
完成させた後は，自由に色を塗りましょう。

①

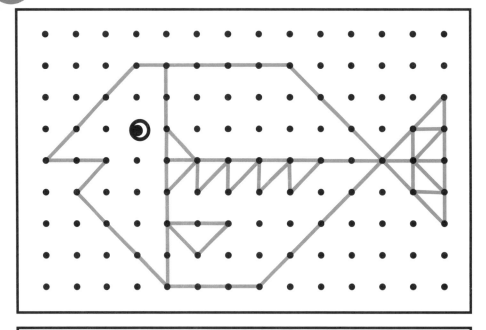

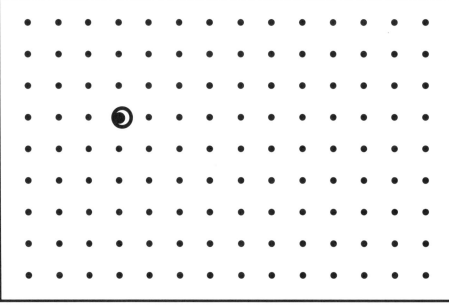

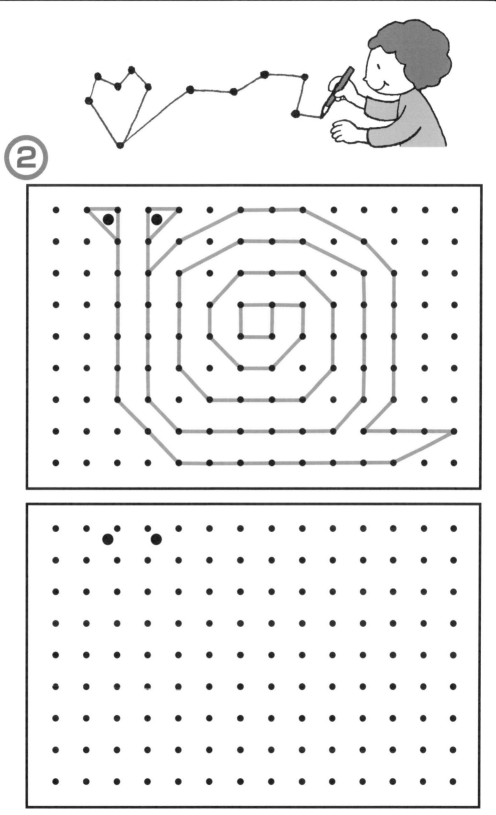

②

ひらがなの鏡文字をぬりつぶし，浮かび上がったマークを答えましょう。

あ	い	う	ふ	は	あ	い	う	え
い	う	ふ	お	あ	い	て	え	お
う	え	は	あ	い	う	ふ	お	あ
え	お	あ	い	う	え	は	あ	い
お	あ	い	う	え	は	あ	い	う
あ	い	う	え	は	あ	い	う	え
い	う	え	お	あ	い	う	え	お
う	え	お	あ	い	う	え	お	あ
え	お	あ	い	て	え	お	あ	い

答え

あ	か	さ	た	な	あ	か	さ	た
か	さ	た	な	あ	か	さ	だ	な
さ	た	な	あ	な	さ	さ	な	あ
た	な	あ	か	さ	た	な	あ	か
な	あ	な	さ	さ	な	あ	か	さ
あ	か	さ	た	な	あ	か	さ	た
か	さ	た	な	あ	か	さ	た	な
さ	た	な	あ	な	さ	た	な	あ
た	な	あ	か	さ	た	な	あ	か

答え

②

は	ま	や	ら	わ	は	ま	や	ら
ま	や	ら	わ	は	ま	や	ら	わ
や	ら	わ	は	ま	や	ら	わ	は
ら	わ	は	ま	や	ら	わ	は	ま
わ	は	ま	や	ら	や	は	ま	や
は	ま	や	ら	や	は	ま	や	ら
ま	や	ら	や	は	ま	や	ら	わ
や	ら	わ	は	ま	や	ら	わ	は
ら	わ	は	ま	や	ら	わ	は	ま

答え

あ	か	さ	た	な	は	ま	や	ら
や	さ	さ	な	は	ま	や	ら	や
さ	た	な	は	ま	や	ら	わ	あ
た	な	は	ま	や	ら	や	あ	か
な	は	ま	や	ら	わ	あ	か	さ
は	ま	や	ら	わ	あ	や	さ	た
ま	や	ら	わ	あ	か	さ	た	な
や	ら	や	あ	か	さ	さ	な	は
ら	わ	あ	か	さ	た	な	は	ま

答え

4 くり返し絵たどり

指示の順にマスをたどり，設問に答えましょう。

① A子さんの食事の定番は，ごはん→お茶→つけもの→おかずです。この順番に進むと，ご飯は何杯（何食）食べたことになるでしょう。（答え：　　　杯）

※くり返し，この順で進みます。

ごはん　　お茶　つけもの　　おかず　　※タテ，ヨコに進み一度塗りつぶしたところは通れません。

② N夫さんの日課は，家を出て，銀行→図書館→やおや→喫茶店→花やです。この順で進み，そのマスを塗りつぶしてゴールまで行きましょう。

※くり返し，この順で進みます。

※タテ，ヨコ，ナナメに進み一度塗りつぶしたところは通れません。

5 ぬり絵 「絵合わせ遊び」のカード図案

楽しく色をぬりましょう。

※お手本はカバー裏にあります。

「絵合わせ遊び」のカードとしてもお使いください。

※カードの作り方＝38 ページ　遊び方＝56 ページ

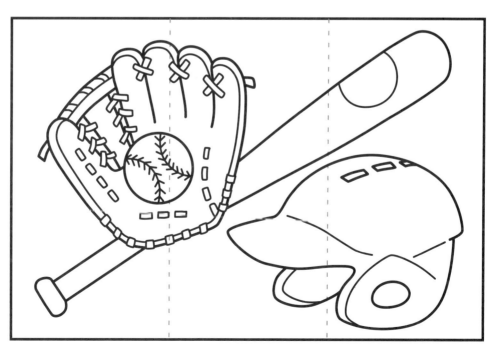

解答

❶ かんたん言葉クイズで脳はイキイキ！

1 ことわざ・慣用句（一）──────────

[6ページ]

①洗濯　②手　③カエル　④杖　⑤風　⑥子

⑦団子

[7ページ]

①三　②三　③八　④三　⑤一　⑥九　⑦百

⑧六十　⑨三

2 ことわざ・慣用句（二）──────────

[8ページ]

①○女は弱し，されど母は強し

②○女房と畳は新しいほうがよい

③○鳶が鷹を生む

④○青菜に塩

⑤○日光を見ぬうちは結構と言うな

⑥○女の一念，岩をも通す

[9ページ]

①シャクヤク　ボタン　②牛　善光寺

③立っている　親　④色の白い　七

⑤秋　嫁　　　　　　（色白の女性は色々欠点があっても
　　　　　　　　　　　美しく見えること）

3 共通する漢字（一）──────────

[10,11ページ]

①身　②頭　③手　④胸　⑤涙　⑥目　⑦尻

⑧気　⑨話　⑩苦　⑪嘘　⑫雨

4 共通する漢字（二）──────────

[12,13ページ]

①人　②海　③母　④花　⑤大　⑥名　⑦茶

⑧道　⑨蜜　⑩金　⑪室　⑫服

5 漢字しりとり————————————————————

［14,15 ページ］

① 料理→[理]科

② 科[学]→[学]問

③ 飲食→食事→[事件]→件[数]→[数]字　*1 他に 件[名]→[名]字

④ 朝[日]→[日]陰→陰[気]→[気]分→分数

⑤ 靴下→[下着]→着用→用[水路]→[路]肩

⑥ 悲[恋]→[恋]愛→愛[情]→[情]報→報告

⑦ 絵[画]→[画]家→家[出]→[出発]→[発]車

⑧ 百合→[合]格→格[子]→子供→供物

⑨ 西[洋]→[洋]裁→[裁縫]→縫製→[製造]→[造]船所→所[用]
　　→[用]事

⑩ 砂糖→[糖質]→質疑→疑[問]→[問]題→題[名]→[名]物

⑪ 栄[養]→[養]分→分母→母[性]→[性]格→格[式]→[式]場
　　→場[内]放送　　　　　　*2 他に 母[体]→[体]格

⑫ 躍動→動[機]→[機]会→[会合]→[合]唱→唱[歌]→[歌]謡
　　→謡[曲]→[曲]折　　*3 他に 動[議]→[議]会

6 同じ音の漢字 ————————————————————

［16,17 ページ］

① 海藻　② 内裏　③ 替え　④ 公証　⑤ 淡色

⑥ 千　　⑦ 南瓜　⑧ 回　　⑨ 解熱（熱を解きほぐす）

⑩ 白湯　⑪ 納戸　⑫ 姑　　⑬ 冷蔵庫

⑭ 蛇足（余分なもの）

解 答

7 反対言葉

[18 ページ] ①

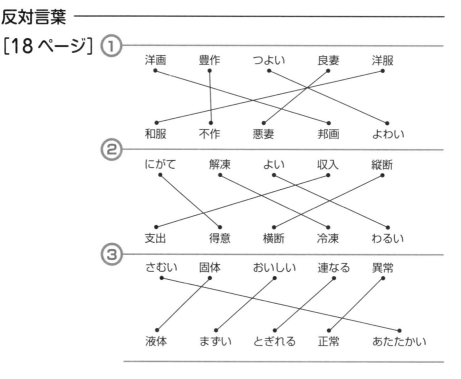

[19 ページ]

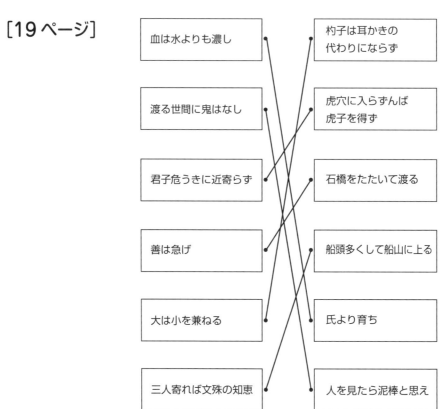

8 難読漢字 ───────────────────────

[20 ページ]

① イギリス　　② カナダ　　③ アメリカ　　④ インド
⑤ スウェーデン　⑥ オランダ　⑦ フィリピン
⑧ ペルー　　　⑨ ドイツ　　⑩ イタリア

[21 ページ]

① そろばん　　② こんりゅう　③ あくび
④ のれん　　　⑤ せりふ　　　⑥ こうずか
⑦ すいとう　　⑧ さんま　　　⑨ あく
⑩ かっぱ　　　⑪ さざんか

9 俳句 ───────────────────────

[22,23 ページ]

① 蛙　　② つるべ　③ 梅　　④ 茶摘み　⑤ 柿
⑥ 雀　　⑦ 東　　　⑧ 大根　⑨ 目　　　⑩ 椿

10 数と暦 ───────────────────────

[24 ページ]

1 月　睦　月（むつき）
2 月　如　月（きさらぎ）
3 月　弥　生（やよい）
4 月　卯　月（うづき）
5 月　皐　月（さつき）
6 月　水無月（みなづき）
7 月　文　月（ふみつき）
8 月　葉　月（はづき）
9 月　長　月（ながつき）
10 月　神無月（かんなづき）
11 月　霜　月（しもつき）
12 月　師　走（しわす）

[25 ページ]

70 歳（古希）
　＊人生七十古来<ruby>希<rt>まれ</rt></ruby>なり

77 歳（喜寿）
　＊喜の草書体が㐂

80 歳（傘寿）
　＊傘の略字が八十と読めるため

81 歳（半寿）
　＊八十一を組み合わせると「半」になる

88 歳（米寿）
　＊八十八を組み合わせると「米」になる

90 歳（卒寿）
　＊卒の略字が九十に見えるため

99 歳（白寿）
　＊あと一足すと百

解答

❷ かんたん算数クイズで脳はイキイキ！

1 順序

[28 ページ]

① 11　② 7　③ 5　④ 6　⑤ 11
⑥ 36　21　⑦ 28　60　⑧ 80　53　26

[29 ページ]

① ○　② △　③ ★　④ ☺　⑤ ↑ →　⑥ △ ▼

2 足し算・引き算

[30 ページ]

② 11　③ 12　④ 13　⑤ 14　⑥ 15　⑦ 16　⑧ 17　⑨ 18
⑪ 8　⑫ 7　⑬ 6　⑭ 5　⑮ 4　⑯ 3　⑰ 2　⑱ 1

[31 ページ]

① +　② −　③ +
④ −　⑤ + −

2	9	4
7	5	3
6	1	8

3 掛け算

[32 ページ]

③ 27
④ 36
⑤ 45
⑥ 54
⑦ 63
⑧ 72
⑨ 81

③ 2 + 7 = 9
④ 3 + 6 = 9
⑤ 4 + 5 = 9
⑥ 5 + 4 = 9
⑦ 6 + 3 = 9
⑧ 7 + 2 = 9
⑨ 8 + 1 = 9

[33 ページ]

② 4
③ 3 9
④ 4 3 3 7
⑤ 5 5 4 4 9

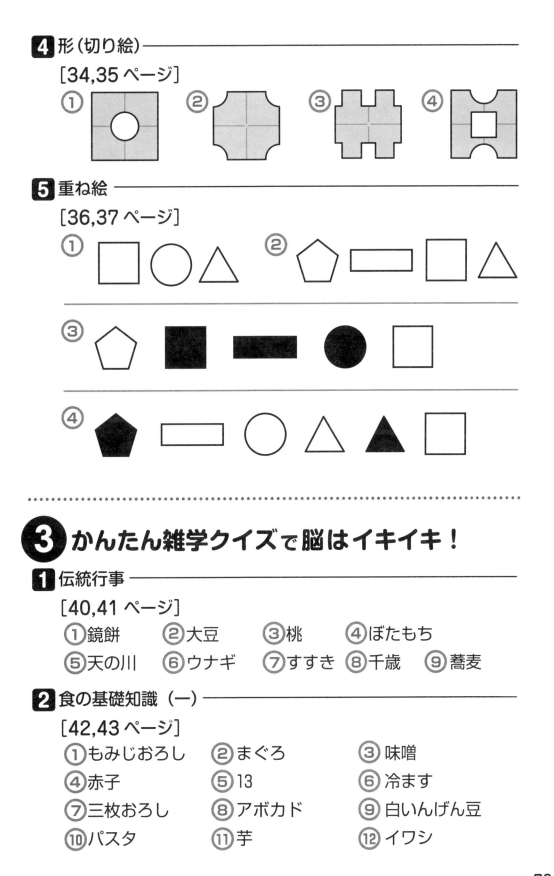

4 形（切り絵）
[34,35 ページ]

① ② ③ ④

5 重ね絵
[36,37 ページ]

① ②

③

④

3 かんたん雑学クイズで脳はイキイキ！

1 伝統行事
[40,41 ページ]
①鏡餅　　②大豆　　③桃　　④ぼたもち
⑤天の川　⑥ウナギ　⑦すすき　⑧千歳　⑨蕎麦

2 食の基礎知識（一）
[42,43 ページ]
①もみじおろし　②まぐろ　　③味噌
④赤子　　　　　⑤13　　　　⑥冷ます
⑦三枚おろし　　⑧アボカド　⑨白いんげん豆
⑩パスタ　　　　⑪芋　　　　⑫イワシ

解答

3 食の基礎知識（二）

［44 ページ］

①

②

③

［45 ページ］

［調理道具］

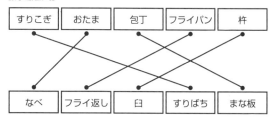

すりこぎ	おたま	包丁	フライパン	杵
なべ	フライ返し	臼	すりばち	まな板

［原料と食品］

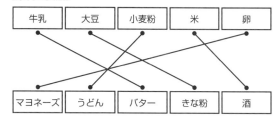

牛乳	大豆	小麦粉	米	卵
マヨネーズ	うどん	バター	きな粉	酒

4 生活文化

［46 ページ］

① 右　左
② 敬具
③ 遠い

女性用	男性用
ミニスカート	タキシード
振袖	モーニング
留袖	紋付き袴
訪問着	山高帽
ワンピース	学生服
イブニングドレス	

［47 ページ］

［今の道具と昔の道具］

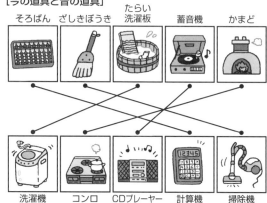

そろばん　ざしきぼうき　たらい 洗濯板　蓄音機　かまど

洗濯機　コンロ　CDプレーヤー　計算機　掃除機

［かぞえ方］

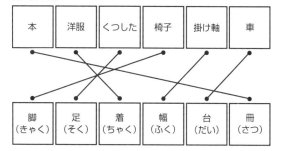

本	洋服	くつした	椅子	掛け軸	車
脚 （きゃく）	足 （そく）	着 （ちゃく）	幅 （ふく）	台 （だい）	冊 （さつ）

5 思い出の娯楽文化 ────────────────────

[48 ページ]

① SUKIYAKI（すきやき）　② バス通り裏　③ ラッシー
④ カツオ　⑤ 鉄腕アトム　⑥ スタジオジブリ

[49 ページ]

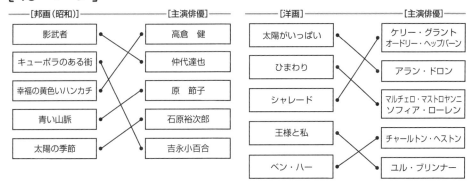

6 社会の出来事 ────────────────────

[50,51 ページ]

① フラフープ　② だっこちゃん　③ ツイッギー
④ 児島明子　⑤ 太陽の塔　⑥ 小渕恵三
⑦ 金の卵　⑧ 新大阪　⑨ 200メートル平泳ぎ
⑩ 森光子　⑪ 長嶋茂雄　⑫ アベベ

7 地理 ────────────────────

[52 ページ]

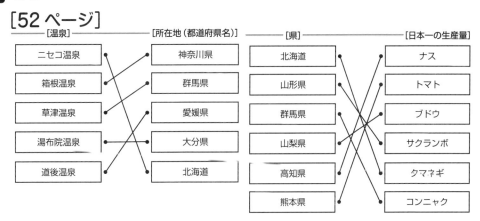

[53 ページ]

① 天橋立　② 後楽園　③ 神戸　④ 京都府　⑤ 讃岐

8 日本の世界遺産 ─────────────

［54ページ］

白神山地　小笠原諸島　富士山　知床　姫路城
厳島神社　今帰仁城跡

［55ページ］

①法隆寺　②原爆ドーム

4 かんたん たどり絵・ぬり絵で脳はイキイキ！

1 足あとたどり ─────────────

［58ページ］

逃げ込んだ家は（ウ）

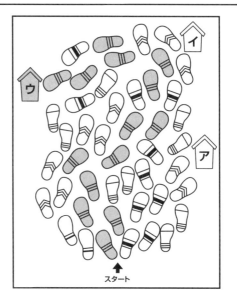

［59ページ］

しろのハウスは（ろ）　　　たろうのハウスは（は）

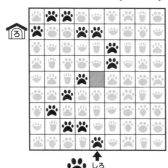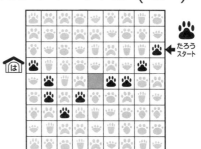

[59 ページ]
まるのハウスは（ い ）

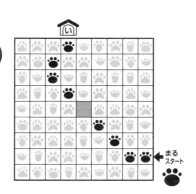

③ 鏡文字たどり

[62 ページ]

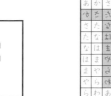

[63 ページ]

④ くり返し絵たどり

[64 ページ]（4杯）

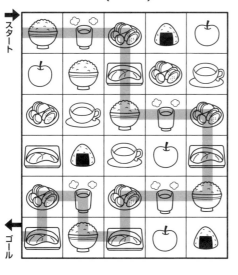

[65 ページ]

●編著者紹介
グループこんぺいと
　東京都世田谷区において，子どものスペース「台所のある幼児教室」を運営。幼児の発達にかかわるノウハウを活かし，シニア向けや介護にかかわる編著書も多数ある。

【ホームページ】http://www.compeito.jp

デザイン・イラスト：ハセチャコ
編集：株式会社こんぺいとぷらねっと

新装版　シニアのための脳を若返らせるトレーニングクイズ 276

2021年6月1日　　初版発行

編著者　グループこんぺいと
発行者　武　馬　久　仁　裕
印　刷　株式会社太洋社
製　本　株式会社太洋社

発行所　　　　　　株式会社　黎明書房

〒460-0002　名古屋市中区丸の内3-6-27　EBSビル
☎ 052-962-3045　FAX052-951-9065　振替・00880-1-59001
〒101-0047　東京連絡所・千代田区内神田1-4-9　松苗ビル4階
☎ 03-3268-3470